ABECECUENTOS

cada letra, un cuento

Dibujos:
Horacio Elena

Cuentos:
Beatriz Doumerc y Gabriel Barnes

Bruño

Dirección Editorial:
Trini Marull
Edición:
Cristina González
Diseño de cubiertas e interiores:
JV Diseño Gráfico, S. L.

Juan Ignacio Luca de Tena, 15
28027 Madrid

www.brunolibros.es

ISBN: 978-84-216-8616-4
D. legal: M-5753-2011
Printed in Spain

ABECECUENTOS

cada letra, un cuento

El gato Gatón

Diccionario

gato

gafas

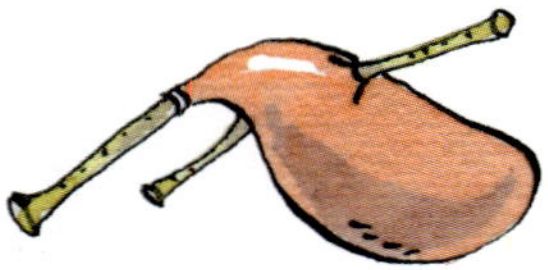

gaita

gorila

galleta

gallo

gorra

ganso

gallina

golondrina

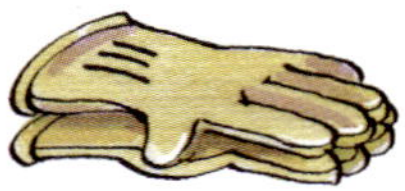

guantes

canguro

gotas

garbanzos

golosinas

El  Gatón se pone unas  de sol y se mira al espejo.

—¡Qué guapo estoy! —dice.

Después coge su 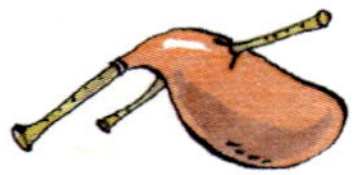 y sale de casa.

—¿Adónde vas, Gatón?

—le pregunta el ratón Gus.

—¡Voy al concurso de música! —responde

el  Gatón.

—Pues he oído que el  Goyo estará en el jurado,

y es muy exigente... —dice el ratón Gus

mientras roe una .

El concurso está a punto de empezar.

El  Garabito, que lleva una 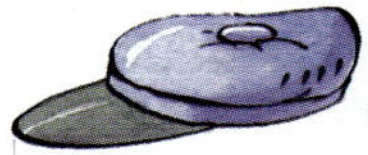,

presenta al primer concursante:

—Con ustedes... ¡el  Garabato

y sus maracas!

El público escucha y aplaude con ganas.

Entonces, el  Garabito ruega silencio y dice:

—A continuación, la  Guillermina interpretará la canción «La ».

El  Goyo, que lleva 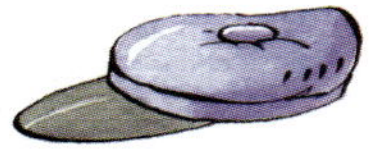 y 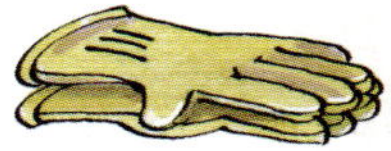,

escucha con mucha atención.

Y el  Garabito presenta a un nuevo

concursante:

—Con todos ustedes... ¡el  Gaspar

y sus tambores!

Por fin, el  Garabito anuncia:

—Y ahora... ¡Gatón y su 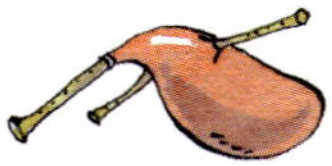!

El  Gatón sube al escenario, empieza

a soplar... ¡y todos aplauden y se ponen a bailar!

Entonces el , la  y el  empiezan a tocar con el , formando una orquesta.

—¡Me gusta cómo suena! —dice el  Goyo—.

¡Los cuatro juntos sois los ganadores del concurso!

En ese momento... ¡PATAPAM!

¡Suena un trueno y caen un relámpago y unas 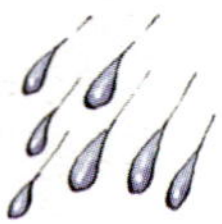 de lluvia!

Todos corren a resguardarse al restaurante

de la esquina.

Allí los aguarda un rico potaje de 

y una gran tarta de nata con .

Y después... ¡el  Gatón y su nueva

orquesta tocan música de fiesta!

ABECECUENTOS

cada letra, un cuento

El hipopótamo Hilario

Diccionario

hipopótamo

hierba

hojas

hocico

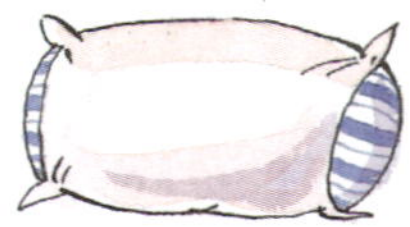

almohada

helicóptero

hélice

búho

higos

horno

hámster

halcón

hormiga

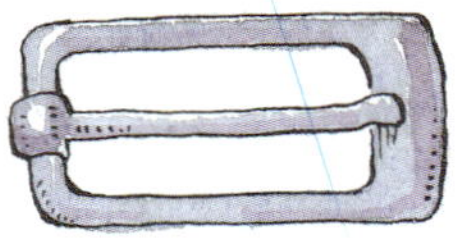

hebilla

hormiguero

hoja

huevos

helado

El  Hilario es súper dormilón.

Hoy ha elegido un sitio muy hermoso

para dormir la siesta:

sobre la 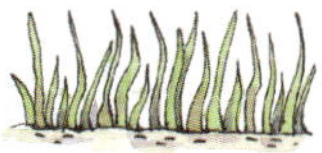 del bosque,

rodeado de  y preciosas flores.

Hilario empuja un montón

de 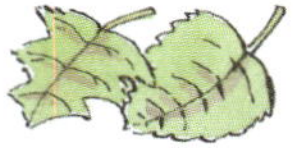 con el 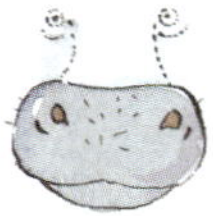,

se hace una 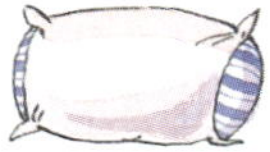 y se tumba a descansar.

De pronto, un  pasa por el cielo,

el  mira cómo la  gira sin parar...

¡y enseguida empieza a roncar!

—¡ROARRR! ¡ROARRRRRR!

¡Los ronquidos de Hilario suenan como un huracán!

El  Honorato, que acaba de meter una tarta

de  en el 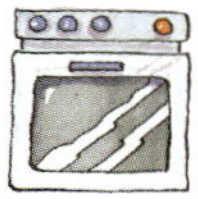, se pregunta:

—¿Qué será ese horrible ruido?

El  Héctor oye los ronquidos al pasar

en bicicleta y...

—¡UAHHHH! —¡del susto se cae de cabeza!

El  Hugo va a ayudar al  Héctor.

—¡No tengas miedo! —le dice—. ¡Ese ruido horrible lo hace el  Hilario, que está roncando!

—¿Quién se atreve a despertarlo? —pregunta el  Honorato.

—¡Huy, yo no! —dice el .

—¡Ni yo, qué horror! —dice el .

—¡Pues yo sí que me atrevo! —dice la 

Hortensia, ajustándose la 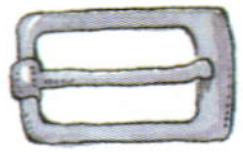 del cinturón.

—¡Eres muy pequeña, Hortensia! —dice el  —.

¿No tienes miedo?

—¡Bah! —responde la 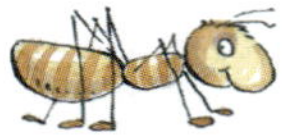 —. ¿Miedo, yo?

La valiente Hortensia cierra la puerta de su 

con una  seca y se pone en acción.

El  Hilario sueña que viaja en avión
y que una azafata le sirve 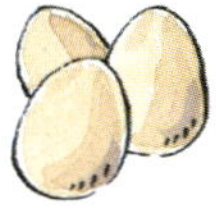 fritos y 
de turrón.

—¡Hummm! ¡Qué rico! —dice Hilario,
y justo ahora... ¡nota un picotazo horroroso
en la cola!

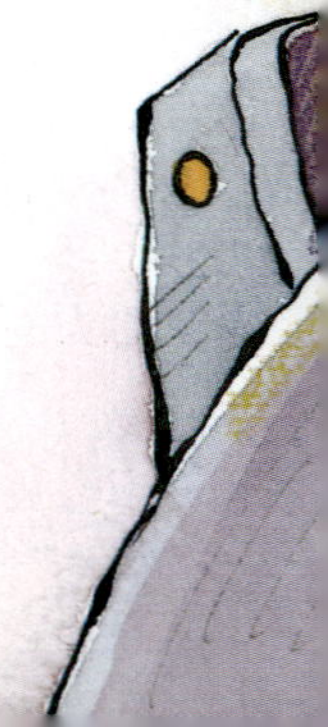

—¡Ay! ¿Quién me ha picado? —protesta Hilario.

—¡Es que roncabas muy alto! —le dice la .

—Pero... ¿Y mis 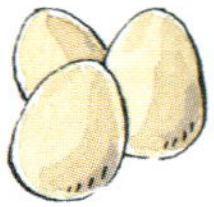 fritos? ¿Y mi  ? —suspira el  Hilario.

—¡No te preocupes! —le dice el  Honorato—. Hoy he preparado una tarta de  ...

¡y estáis todos invitados!

ABECECUENTOS
cada letra, un cuento

I

La iguana Bibí

Diccionario

iguana

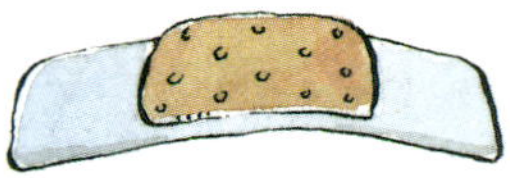

tirita

bicicleta

mosquito

iglú

isla

periquito

pico

iglesia

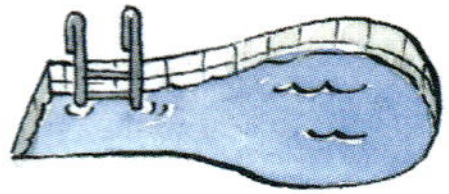

piscina

icebergs

pipas

La  Bibí trepa por una piedra,

saca la lengua y... ¡ZIIIP! ¡Casi caza un rico !

De pronto, Bibí resbala y se hace daño en una patita.

¡Pobrecita! Tendrá que ponerse una 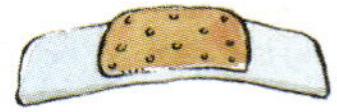.

El pato Igor llega de visita.

—Me voy de vacaciones al polo Norte —dice—.

He alquilado un . ¿Quieres venirte conmigo?

—Gracias, pero me duele una patita —dice

la  Bibí—. ¡Otro día será, amigo!

Al poco rato llega el perro Tobi en su .

—Me voy de vacaciones a una  tropical —dice—. ¿Quieres venirte conmigo?

—Gracias, pero me duele una patita —dice la  Bibí—. ¡Otro día será, amigo!

El  Quito llega volando. Abre el  y dice:

—Me voy de vacaciones al pueblo. Me haré un nido en lo alto de la . ¿Quieres venirte conmigo?

—Gracias, pero me duele una patita —dice la  Bibí—. ¡Otro día será, amigo!

Cuando su patita al fin se cura, la  Bibí

se baña en su 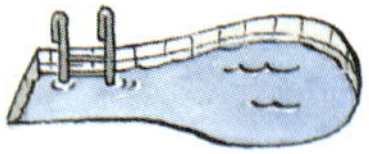.

Y un buen día vuelven sus amigos.

—La  era preciosa —dice el perro Tobi—.

¡Pero hacía muchísimo calor!

—En el polo Norte he visto  magníficos...

—dice el pato Igor—. ¡Pero en el  hacía

muchísimo frío!

—Las vistas desde lo alto de la  del pueblo eran muy bonitas..., ¡pero me he mareado un poquito!

—se queja el  Quito.

—¡Pues yo me lo he pasado genial en mi 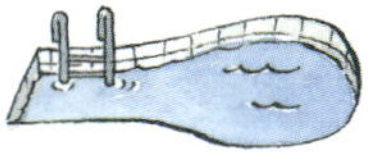! —dice la  Bibí—. ¿Qué os parece si nos damos un chapuzón y tomamos unas riquísimas 

de aperitivo, amigos?

ABECECUENTOS

cada letra, un cuento

La jirafa Jojó

Diccionario

jirafa

berenjenas

judías

lagartija

jarrón

jabalí

jabato

jaguar

jersey

juguetes

jarra

naranja

jabón

jaula

pájaro

La  Jojó riega su jardín,

donde crecen  y 

y también jacintos y jazmines.

Su vecina, la , saluda a Jojó y le dice:

—Tus flores son preciosas.

—¡Gracias! ¿Quieres que te haga un ramo?

—pregunta la .

—¡Oh, qué ilusión! —exclama la —.

Lo pondré en mi mejor .

De pronto llega el  con su pequeño .

—Voy al bosque con el  —les dice—.

¿Podéis cuidar de mi pequeño?

—¡Claro que sí! —responden la  y la .

El  está constipado, y Jojó le mima

y le pone un  para que esté bien abrigado.

Después, la  le trae unos 

y le hace cosquillas en la barriga.

—¡Ji, ji, ji! ¡Ja, ja, ja! —ríe el pequeño, encantado.

La  prepara una  de zumo

de , pero el  bebe con tanta prisa...

¡que se moja entero!

Y cuando lo bañan, ¡el pequeño se pone

a llorar porque le entra 

en un ojo!

Para consolarlo, la  le trae una 

con un  que canta, y al escucharlo,

el  vuelve a reír:

—¡Jo, jo, jo! ¡Ji, ji, ji!

J

El  y el 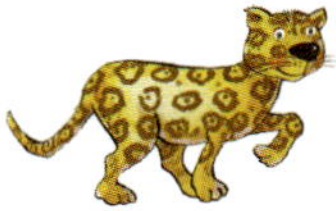 vuelven del bosque.

—¡Hemos descubierto una cueva maravillosa!

—exclaman—. ¡Venid a verla!

—¡Vamos todos juntos! —dice el .

En las paredes de la cueva hay muchos animales

pintados: una , un , un  ...

—¡Son nuestros tatara-tatara-tatarabuelos!

—dice Jojó—. Y están... ¡requeteguapos!

ABECECUENTOS

cada letra, un cuento

El koala Kiko

Diccionario

koala

kiwis

kilo

ketchup

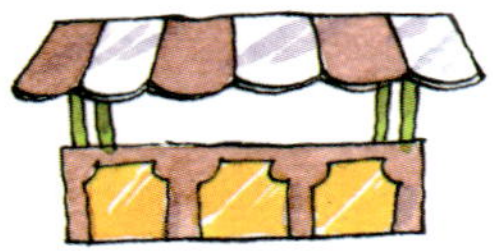

kiosco

kayak

okapi

kimono

—¡Kikirikíííííí! —canta el gallo.

¡El  Kiko ya se ha despertado!

Kiko trepa a un árbol de  riquísimos,

se come un 

para desayunar

y recoge otro para merendar.

Con su cesta llena de ,

el  Kiko se va a visitar

a su amigo el canguro Kuko.

Después de jugar un rato,

Kiko y Kuko se sientan a la mesa.

El  come patatas con ,

y el canguro con mayonesa.

De postre, Kuko el canguro

y Kiko el  se comen

un helado en un 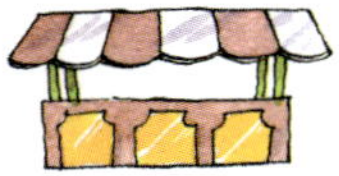

de la playa.

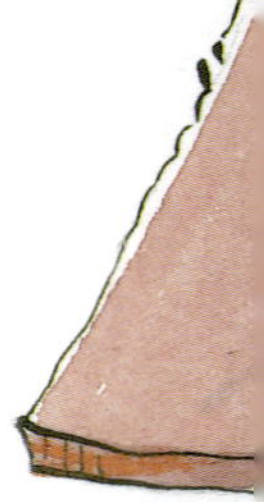

Por la tarde, el  Kiko

y el canguro Kuko se suben

a un  y se van a navegar.

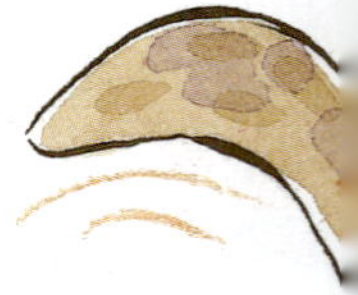

El  Koke también navega

en , y saluda a Kiko

y a Kuko al verlos pasar.

Ya de vuelta en la playa,

el canguro y el  meriendan

el  de  que Kiko

recogió por la mañana.

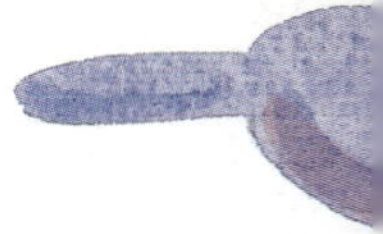

De pronto, aparece un mono con 

que lleva todo el día sin comer...

Y como buenos amigos,

¡el  Kiko y el canguro Kuko

comparten sus  con él!

ABECECUENTOS

cada letra, un cuento

El loro Lalo

Diccionario

loro

palmera

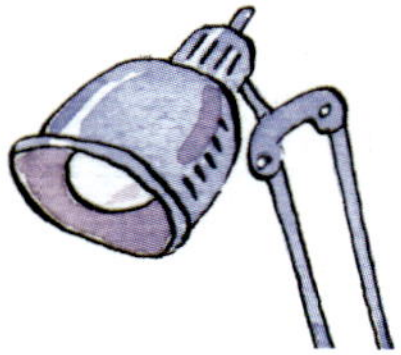

lámpara

lápices

plumas

lechuga

leche

leopardo

ladrillo

lechuza

paloma

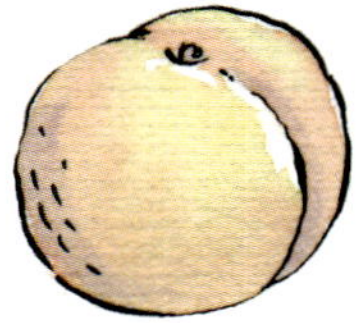

melocotón

limón

león

lagarto

libro

lentejas

flan

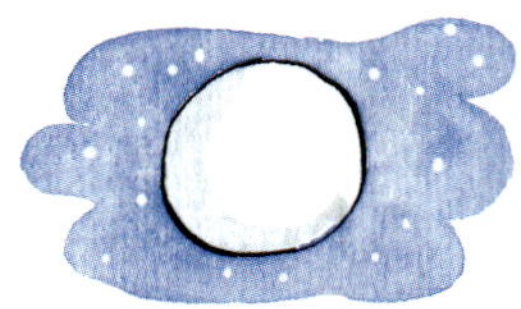

luna

El  Lalo tiene un programa de radio.

Vive en lo alto de una ,

y en su estudio tiene un micrófono,

una  y muchos papeles

y  sobre la mesa.

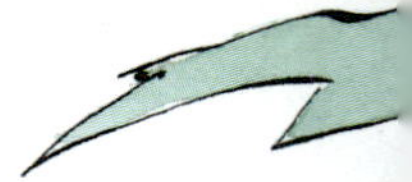

Cada mañana, Lalo se lava y se alisa las .

Después desayuna una ensalada de 

y un vaso de .

Y luego, ¡Lalo empieza su programa de radio!

El  Leonardo es albañil, y mientras coloca un  tras otro, escucha el programa del .

¡Lalo pone una música tan genial que dan ganas de bailar!

La  Chufa y la  Piola también

están oyendo la radio.

¡Les encanta el programa de Lalo!

—Y ahora, una receta fenomenal...

—dice el  —: ¡Poned en la licuadora

un 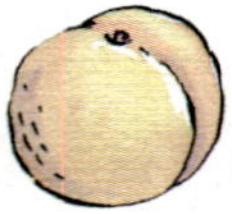, azúcar y medio !

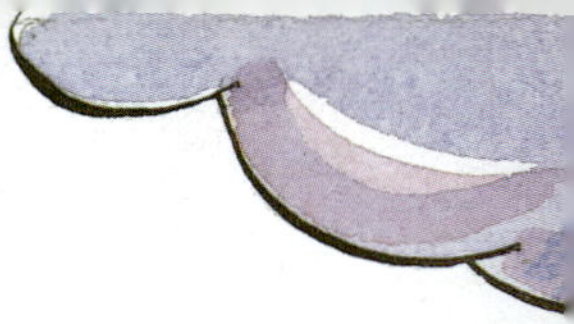

El  Leopoldo y el  Celestino se van a pescar.

Pero de pronto, el  Lalo anuncia por la radio:

—¡Alerta, pescadores amigos! ¡Se acerca una tormenta y corréis peligro!

Los pescadores vuelven enseguida a tierra.

¡El  Lalo los ha salvado de la tormenta!

Ya tranquilos en su casa, el  se sienta

a leer un 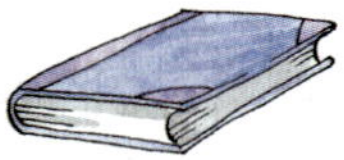 y el  echa leña

a la chimenea.

Al final del día, el  Lalo despide su programa de radio con publicidad:

—¡No olvidéis visitar el restaurante «La Liebre»! ¡Comeréis unas  y un  excelentes!

El  Lalo apaga el micrófono y,

antes de acostarse en lo alto de su ,

¡se va a estirar un rato las alas

a la luz de la 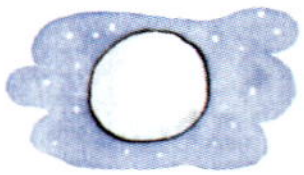 llena!

ABECECUENTOS

cada letra, un cuento

El grillo Cepillo

Diccionario

grillo

rosquilla

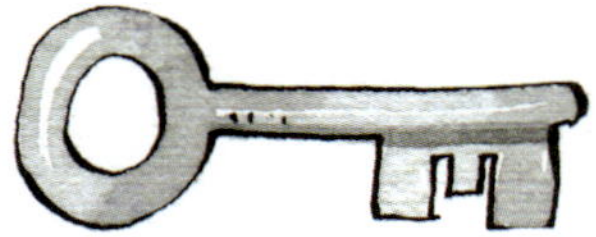
llave

ardilla

bellotas

gallo

gallina

silla

camello

anillo

zapatillas

caballo

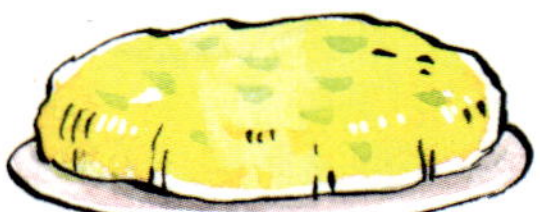

tortilla

paella

natillas

bocadillo

estrella

El  Cepillo desayuna una 

y un bollo con mantequilla.

Después cierra su casa con 

y sale corriendo a la calle.

Una  un poco cotilla que está

comiendo  le pregunta:

—¿Adónde vas tan deprisa, Cepillo?

—Muy sencillo... —contesta el —.

¡Estoy muy ocupado porque

esta noche llega el verano!

El  Cepillo corre al taller del 

y la , los dos famosos modistos.

—¡Tu traje nuevo está listo! —le dicen,

invitándole a sentarse en una  —.

¿Qué te parecen los bolsillos?

El  Cepillo se prueba su traje nuevo.

—¡Es justo de tu talla! —le dice el .

—¡Te sienta de maravilla! —le dice la .

—¡Gracias! —les dice Cepillo muy orgulloso,

y se marcha a toda prisa.

El  Cepillo corre a la joyería del 

y se compra un  muy brillante.

Luego corre a la zapatería de la polilla

y se compra unas  amarillas.

Entonces a Cepillo le entra mucha hambre

y corre a un restaurante.

En el restaurante del , el  Cepillo

se da un banquete por todo lo alto:

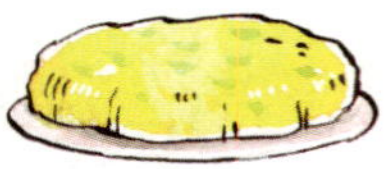 de pepinillos, ensaladilla,  y,

de postre... ¡  !

Con la barriga llena, el  Cepillo vuelve corriendo a su casa.

Allí se peina el flequillo, se pone su , su traje nuevo y sus  y espera que llegue la noche comiéndose un .

Cuando sale la primera  ... ¡millones de amigos

esperan al  Cepillo bajo la luna llena!

Entonces todos los  empiezan a frotar sus alas

y una bella música resuena en la noche estrellada.

Tú también podrás oír esa maravillosa canción...

¡si en las noches de verano prestas atención!

Este libro se acabó de imprimir
en los talleres gráficos de CGA, S. L.,
en el mes de febrero de 2011

ABCD
KLMN
RSTU